Le monde francophone

L'ANGLETERRE

LA BELGIQUE

L'ALLEMAGNE

LE LUX.

La Manche

NORD-PAS DE CALAIS

Lille

Pas-de-Calais

Arras

Nord

Somme

Amiens

Charleville-Mézières

PICARDIE

Laon

Ardennes

LORRAINE

Seine-Maritime

Beauvais

Aisne

Meuse

Metz

Moselle

ALSACE

Manche

Rouen

Oise

HAUTE-NORMANDIE

Pontoise

Val-d'Oise

Châlons-sur-Marne

Bar-le-Duc

Nancy

Meurthe-et-Moselle

Strasbourg

Caen

Evreux

Marne

Bas-Rhin

Saint-Lô

Calvados

BASSE-NORMANDIE

Eure

Yvelines

Paris

ÎLE-DE-FRANCE

CHAMPAGNE-ARDENNE

Vosges

Epinal

Colmar

Haut-Rhin

Orne

Versailles

Évry

Melun

Troyes

Chaumont

Finistère

St-Brieuc

Alençon

Chartres

Essonne

Seine-et-Marne

Aube

Haute-Marne

Vesoul

Territoire de Belfort

Côtes-du-Nord

Mayenne

Eure-et-Loir

Haute-Saône

Doubs

Quimper

Rennes

Laval

Le Mans

Loiret

Auxerre

Côte-d'Or

Besançon

BRETAGNE

Ille-et-Vilaine

Sarthe

Orléans

Yonne

Dijon

FRANCHE-COMTÉ

Morbihan

PAYS DE LA LOIRE

Blois

Nièvre

BOURGOGNE

Jura

Vannes

Angers

Tours

Loir-et-Cher

CENTRE

Bourges

Saône-et-Loire

Lons-le-Saunier

Loire-Atlantique

Maine-et-Loire

Indre-et-Loire

Châteauroux

Cher

Nevers

Nantes

Mâcon

La Roche-sur-Yon

Deux-Sèvres

Poitiers

Indre

Moulins

Bourg-en-Bresse

Haute-Savoie

Vendée

Vienne

Allier

Ain

Annecy

Niort

Guéret

Rhône

LA SUISSE

La Rochelle

POITOU-CHARENTES

Limoges

Creuse

AUVERGNE

Lyon

RHÔNE-ALPES

Nanterre

Seine-Saint-Denis

Bobigny

Charente-Maritime

Angoulême

Haute-Vienne

Clermont-Ferrand

Loire

Chambéry

Savoie

Paris

Charente

LIMOUSIN

Puy-de-Dôme

St-Étienne

Isère

Hauts-de-Seine

Créteil

Val-de-Marne

Périgueux

Tulle

Corrèze

Grenoble

L'ITALIE

L'océan Atlantique

Dordogne

Cantal

Le Puy

Valence

Aurillac

Haute-Loire

Drôme

Hautes-Alpes

Bordeaux

AQUITAINE

Lot

Privas

Gap

Gironde

Aveyron

Ardèche

Lot-et-Garonne

Mende

Digne

Alpes-Maritimes

Landes

Agen

Rodez

Lozère

Vaucluse

Alpes de Haute-Provence

Nice

MONACO

Tarn-et-Garonne

MIDI-PYRÉNÉES

Avignon

Mont-de-Marsan

Montauban

Albi

Gard

PROVENCE-ALPES-CÔTE- D'AZUR

Gers

Auch

Tarn

Nîmes

Var

Pau

Toulouse

Haute-Garonne

Hérault

Montpellier

Bouches-du-Rhône

Marseille

Toulon

Tarbes

LANGUEDOC-ROUSSILLON

Pyrénées-Atlantiques

Hautes-Pyrénées

Foix

Carcassonne

Aude

Ariège

Perpignan

Pyrénées-Orientales

L'ESPAGNE

L'ANDORRE

La Mer Méditerranée

Bastia

Haute-Corse

CORSE

Ajaccio

Corse-du-Sud

La France: les provinces les départements

Chez nous

BRANCHÉ SUR LE MONDE FRANCOPHONE

Third Edition

Albert Valdman

Indiana University

Cathy Pons

University of North Carolina, Asheville

Mary Ellen Scullen

University of Maryland, College Park

PEARSON

Prentice
Hall

Upper Saddle River, New Jersey 07458

Acquisitions Editor: *Rachel McCoy*
Publishing Coordinator: *Claudia Fernandes*
Senior Director of Market Development: *Kristine Suárez*
Development Editor: *Barbara Lyons*
Director of Editorial Development: *Julia Caballero*
Production Supervision: *Nancy Stevenson*
Project Manager: *Assunta Petrone*
Assistant Director of Production: *Mary Rottino*
Supplements Editor: *Meriel Martínez Moctezuma*
Media Editor: *Samantha Alducin*
Media Production Manager: *Roberto Fernandez*
and Manufacturing Buyer: *Brian Mackey*
turing Assistant Manager:

Interior Design: *Preparé Inc.*
Line Art Coordinator: *Maria Piper*
Illustrator: *Steve Mannion*
Director, Image Resource Center: *Melinda Reo*
Interior Image Specialist: *Beth Boyd Brenzel*
Manager, Rights & Permissions IRC: *Zina Arabia*
Photo Research: *Mary Ann Price*
Marketing Assistant: *William J. Bliss*
Publisher: *Phil Miller*

Cover images: *front*, John Miller / Robert Harding World
    Imagery; *back*, Terrance Klassen / AGE Fotostock
    America, Inc., Adalberto Rios / Photodisc Green / Getty
    Images, Inc., Craig Cranna / Index Stock Imagery, Inc.

New Jersey, 07458. **All rights reserved.** This publication is protected
hibited reproduction, storage in a retrieval system, or transmission in
ewise. For information regarding permission(s), write to: Rights and

earson Education, Canada, Ltd
Pearson Educación de Mexico, S.A. de C.V.
Pearson Education—Japan
Pearson Education Malaysia, Pte. Ltd

Printed in the United States of America

10 9 8 7 6 5 4 3 2 1

Student text: **ISBN 0-13-192026-X**
Annotated Instructor's Edition: **ISBN 0-13-193076-1**

Chez nous

BRANCHÉ SUR LE MONDE FRANCOPHONE

Third Edition

Albert Valdman

Indiana University

Cathy Pons

University of North Carolina, Asheville

Mary Ellen Scullen

University of Maryland, College Park

PEARSON

Prentice Hall

Upper Saddle River, New Jersey 07458

Acquisitions Editor: *Rachel McCoy*
Publishing Coordinator: *Claudia Fernandes*
Senior Director of Market Development: *Kristine Suárez*
Development Editor: *Barbara Lyons*
Director of Editorial Development: *Julia Caballero*
Production Supervision: *Nancy Stevenson*
Project Manager: *Assunta Petrone*
Assistant Director of Production: *Mary Rottino*
Supplements Editor: *Meriel Martínez Moctezuma*
Media Editor: *Samantha Alducin*
Media Production Manager: *Roberto Fernandez*
Prepress and Manufacturing Buyer: *Brian Mackey*
Prepress and Manufacturing Assistant Manager:
   Mary Ann Gloriande

Interior Design: *Preparé Inc.*
Line Art Coordinator: *Maria Piper*
Illustrator: *Steve Mannion*
Director, Image Resource Center: *Melinda Reo*
Interior Image Specialist: *Beth Boyd Brenzel*
Manager, Rights & Permissions IRC: *Zina Arabia*
Photo Research: *Mary Ann Price*
Marketing Assistant: *William J. Bliss*
Publisher: *Phil Miller*

Cover images: *front*, John Miller / Robert Harding World
   Imagery; *back*, Terrance Klassen / AGE Fotostock
   America, Inc., Adalberto Rios / Photodisc Green / Getty
   Images, Inc., Craig Cranna / Index Stock Imagery, Inc.

Pearson Education LTD.
Pearson Education Australia PTY, Limited
Pearson Education Singapore, Pte. Ltd
Pearson Education North Asia Ltd

Pearson Education, Canada, Ltd
Pearson Educación de Mexico, S.A. de C.V.
Pearson Education—Japan
Pearson Education Malaysia, Pte. Ltd

Printed in the United States of America

10 9 8 7 6 5 4 3 2 1

Student text: **ISBN 0-13-192026-X**
Annotated Instructor's Edition: **ISBN 0-13-193076-1**